SOBRE GATOS

Livros de Bukowski publicados pela **L&PM** EDITORES:

Ao sul de lugar nenhum: histórias da vida subterrânea
O amor é um cão dos diabos
Bukowski: 3 em 1 (Mulheres; O capitão saiu para o almoço e os marinheiros tomaram conta do navio; Cartas na rua)
O capitão saiu para o almoço e os marinheiros tomaram conta do navio (c/ ilustrações de Robert Crumb)
Cartas na rua
Crônica de um amor louco
Delírios cotidianos (c/ ilustrações de Matthias Schultheiss)
Escrever para não enlouquecer
Fabulário geral do delírio cotidiano
Factótum
Hollywood
Miscelânea septuagenária: contos e poemas
Misto-quente
A mulher mais linda da cidade e outras histórias
Mulheres
Notas de um velho safado
Numa fria
Pedaços de um caderno manchado de vinho
As pessoas parecem flores finalmente
Pulp
Queimando na água, afogando-se na chama
Sobre bêbados e bebidas
Sobre gatos
Sobre o amor
Tempestade para os vivos e para os mortos
Textos autobiográficos (Editado por John Martin)
Você fica tão sozinho às vezes que até faz sentido

CHARLES BUKOWSKI

SOBRE GATOS

Tradução de RODRIGO BREUNIG

Texto de acordo com a nova ortografia.

Título original: *On Cats*

1ª edição: inverno de 2017
Esta reimpressão: verão de 2021

Tradução: Rodrigo Breunig
Capa: Ivan Pinheiro Machado
Preparação: Marianne Scholze
Revisão: Jó Saldanha

CIP-Brasil. Catalogação na publicação
Sindicato Nacional dos Editores de Livros, RJ

B949g

Bukowski, Charles, 1920-1994
    Sobre gatos / Charles Bukowski ; tradução Rodrigo Breunig. – Porto Alegre, RS: L&PM, 2021.
    128 p. : il. ; 21 cm.

    Tradução de: *On Cats*
    ISBN 978-85-254-3429-6

    1. Poesia americana. I. Breunig, Rodrigo. II. Título.

16-34398   CDD: 811
                       CDU: 821.111(73)-1

On Cats Copyright © 2015 by Linda Lee Bukowski
Todos os direitos desta edição reservados a L&PM Editores
Rua Comendador Coruja, 314, loja 9 – Floresta – 90.220-180
Porto Alegre – RS – Brasil / Fone: 51.3225.5777

Pedidos & Depto. comercial: vendas@lpm.com.br
Fale conosco: info@lpm.com.br
www.lpm.com.br

Impresso na Gráfica e Editora Pallotti, Santa Maria, RS, Brasil
Verão de 2021

Beeker

∫

Todos os lugares que serviam comida estavam fechados naquela hora da noite, e a corrida até a cidade era longa. Eu não podia levá-lo de volta para o meu quarto, então precisei tentar a sorte com Millie. Ela sempre tinha comida de sobra. De qualquer forma, ela *sempre* tinha queijo.

Eu estava certo. Ela nos fez sanduíches de queijo com café. O gato me conhecia e pulou no meu colo.

Eu coloquei o gato no chão.

– Olha só, sr. Burnett – eu disse.

– Dá a mão! – falei para o gato. – Dá a mão!

O gato nem se mexeu, ficou ali sentado.

– Que engraçado, ele costumava fazer isso sempre – eu disse.

– Dá a mão!

Lembrei que Shipkey tinha dito ao sr. Burnett que eu conversava com pássaros.

– Vamos lá! Dá a mão!

Comecei a me sentir ridículo.

Coloquei a minha cabeça bem do lado da cabeça do gato e apliquei todas as minhas forças naquilo.

– Dá a mão!

O gato nem se mexeu.

Voltei à minha cadeira e peguei meu sanduíche de queijo.

– Os gatos são animais engraçados, sr. Burnett. A gente nunca sabe. Millie, coloque a sexta de Tchaikovsky para o sr. Burnett.

Ficamos ouvindo a música. Millie veio e sentou no meu colo. Só tinha um negligê no corpo. Ela se deixou cair de encontro a mim. Larguei o sanduíche pro lado.

– Quero que o senhor preste atenção – falei para o sr. Burnett – na parte que introduz o movimento andante nessa sinfonia. Acho que é um dos movimentos mais lindos na história da música. E sem contar a beleza e a força, a estrutura é perfeita. Dá pra sentir a inteligência em ação.

O gato pulou no colo do homem com o cavanhaque. Millie encostou a bochecha contra a minha, pôs a mão no meu peito.

– Por onde é que cê andava, bebezinho? Millie sentiu sua falta, sabia?

O disco terminou e o homem com o cavanhaque tirou o gato do colo, levantou e virou o disco. Ele devia ter procurado o disco #2 no álbum. Com aquela mera virada, nós chegaríamos ao clímax bem mais depressa. Não falei nada, no entanto, e ficamos ouvindo até o final.

– Que tal? – perguntei.

– Coisa fina! Coisa muito fina!

Ele botou o gato no chão.

– Dá a mão! Dá a mão! – falou para o gato.

O gato lhe deu a mão.

– Olha só – ele disse –, eu consigo fazer o gato dar a mão.

– Dá a mão!

O gato rolou no chão.

– Não, dá a *mão*! Dá a *mão*!

O gato nem se mexeu.

Ele colocou a cabeça ao lado da cabeça do gato e falou em seu ouvido:

– Dá a mão!

O gato meteu a pata direto em seu cavanhaque.

– Viu só? Eu fiz ele dar a mão!

O sr. Burnett parecia estar satisfeito. Millie se apertou com força contra mim.

– Me dá um beijo, bebezinho – ela disse –, me dá um beijo.

– Não.

– Deus do céu, não tá bem da cabeça, bebezinho? Tá de mal com alguma coisa? Tem alguma preocupação na sua cabeça hoje, dá pra ver! Conta tudo pra Millie! Millie queimaria no fogo do inferno por você, bebezinho, cê sabe disso. Qual é o problema, hein? Hã?

– Agora eu vou fazer ele rolar no chão – disse o sr. Burnett.

Millie me envolveu num abraço apertado e fitou do alto meu olhar voltado para cima. Ela tinha um ar muito entristecido e maternal e cheirava a queijo.

– Conta pra Millie o que tá incomodando você, bebezinho.

– Rola! – o sr. Burnett falou para o gato.

O gato nem se mexeu.

– Seguinte – eu disse para Millie –, você está vendo aquele homem ali?

– Sim, tô vendo ele.

– Bem, é Whit Burnett.

– Quem é esse?

– O editor de revista. Aquele para quem eu mando as minhas histórias.

– Cê quer dizer aquele que te manda os bilhetinhos minúsculos?

– Papeletas de rejeição, Millie.

– Bem, ele é malvado. Não gosto dele.

– Rola! – o sr. Burnett falou para o gato.

O gato rolou.

– Olha só! – ele gritou. – Eu fiz o gato rolar! Quero comprar esse gato! É fantástico!

Millie me apertou ainda mais e despejou seu olhar em cima de mim. Fiquei todo impotente. Eu me sentia como um peixe vivo preservado em gelo no mostrador de um açougueiro na sexta de manhã.

– Ouve uma coisa – ela disse –, consigo fazer ele publicar uma das suas histórias. Consigo fazer ele publicar *todas* elas!

– Vejam como vou fazer o gato rolar! – falou o sr. Burnett.

– Não, não, Millie, você não entende! Os editores não são que nem empresários corrompíveis. Os editores têm *escrúpulos*!

– Escrúpulos?

– Escrúpulos.

– Rola! – exclamou o sr. Burnett.

O gato nem se mexeu.

– Sei muito bem como são esses *escrúpulos* de vocês! Nem esquenta sua cuca com os escrúpulos! Bebezinho, eu vou fazer ele publicar *todas* as suas histórias!

– Rola! – o sr. Burnett falou para o gato.

Não aconteceu nada.

– Não, Millie, não quero isso.

Ela estava toda enroscada em volta de mim. Era difícil respirar, e ela era um tanto pesada. Senti meus pés adormecendo. Millie apertou a bochecha contra a minha e esfregou a mão para cima e para baixo no meu peito.

– Bebezinho, cê não tem nada pra dizer!

O sr. Burnett colocou a cabeça ao lado da cabeça do gato e falou em seu ouvido:

– Rola!

O gato meteu a pata direto em seu cavanhaque.

– Acho que esse gato quer algo pra comer – ele disse.

Dito isso, voltou para sua cadeira. Millie foi ao encontro dele e se sentou em seus joelhos.

– Onde foi que cê arrumou esse amorzinho desse cavanhaque? – ela perguntou.

– Perdão – eu disse –, vou beber um pouco de água.

Entrei na copa e me sentei e fiquei olhando as estampas de flor na superfície da mesa. Tentei arrancá-las arranhando a superfície com a unha.

Já era duro compartilhar o amor de Millie com o vendedor de queijo e o soldador. Millie com o corpo perfeito descendo até os quadris. Droga, droga.

∫

Um gato passa caminhando e Shakespeare
pira.

Não quero desenhar
como Mondrian,
quero desenhar como um pardal devorado por um gato.

∫

conversa em um telefone

eu via pelo agachamento do gato,
por seu jeito achatado,
que ele estava enlouquecido com a presa;
e quando meu carro chegou perto,
ele se levantou no crepúsculo
e caiu fora
com o pássaro abocanhado,
um pássaro enorme, cinza,
asas caídas como amor desfeito,
caninos cravados,
vida ainda ali,
mas pouca,
quase nada.

o periquito de coração partido
o gato anda na minha mente
e não consigo decifrá-lo:
o telefone toca,
respondo a uma voz,
mas o vejo sem parar,
e as asas moles
cinzentas asas moles,
e aquela coisa transfixada
numa cabeça sem misericórdia;

é o mundo, é nosso;
desligo o telefone
e os lados felinos
da sala
se fecham sobre mim
e quero gritar,
mas existem lugares para gente
que grita;
e o gato anda
o gato anda para sempre
no meu cérebro.

Eu vi aquele pássaro e minhas mãos estavam no volante e vi as asas e elas estavam caídas como amor desfeito, as asas diziam isso, e o gato se afastou das rodas do meu carro com o movimento habitual dos gatos e fico nauseado enquanto escrevo isto, e todo o amor desfeito do mundo e todos os periquitos de coração partido, e o céu disse isso coberto de poluição atmosférica e nuvens baratas e deuses meliantes.

∫

Eu vi um pássaro enquanto ia de carro para casa outro dia, voltando da pista. Estava na boca de um gato agachado na rua de asfalto, as nuvens acima, o pôr do sol, o amor e Deus acima, e ele viu meu carro e se levantou, felinamente levantado e louco, espinha rija como

depravação de amor insano, e ele saiu andando em direção ao meio-
-fio, e eu vi o pássaro, um cinza grande, baqueado, asas quebradas,
amplas e abertas, pendentes, plumas alastradas, ainda vivo, sob dentes
de gato; ninguém dizendo nada, sinalizações se alternando, meu
motor roncando, e as asas as asas na minha mente...

∫

a gata

essa gata relaxa nos ferros da saída de incêndio
e é amarela como um sol
e nunca viu um cão naquela área
da cidade, e, cara, como é gorda,
cheia de ratos e petiscos do HARVEY'S BAR
e eu tenho subido pela saída de incêndio
pra visitar certa dama no hotel
e ela me mostra cartas do filho
na França, e é um quarto muito pequeno
cheio de garrafas de vinho e tristeza,
e às vezes lhe deixo um dinheirinho,
e quando desço pela saída de incêndio,
lá está de novo a gata e
ela se esfrega nas minhas pernas e
enquanto vou até o carro
ela me segue, e preciso ter cuidado
quando dou a partida, mas não muito:
ela é bem esperta, sabe
que o carro não é seu amigo.
e um dia fui visitar a dama
e ela estava morta. quer dizer, ela não estava lá,
o quarto estava vazio. tinha sido uma hemorragia,
me disseram. e agora iam alugar o quarto.
bem, ficar triste não adianta. desci
os degraus de ferro e eis ali a gata. eu

a peguei e fiz carinho nela, mas, estranho,
não era a mesma gata. o pelo era áspero
e os olhos, malignos. joguei-a no chão
e observei sua fuga, olhar raivoso em cima de mim.
então entrei no carro
e fui embora.

Feathers

∫

Os árabes admiram o gato, menosprezam mulheres e cães porque estes demonstram afeição e afeição é, segundo pensam alguns, um sinal de fraqueza. Bem, talvez seja. Eu não demonstro muito. Minhas esposas e namoradas reclamam porque mantenho minha alma isolada – e entrego meu corpo, talvez, puritanamente; mas voltemos ao maldito gato. Um gato é seu próprio SER. É por isso que, quando ele pega o pobre passarinho, não o solta de jeito algum. Isso é representativo das poderosas forças da VIDA que não soltam de jeito algum. O gato é o belíssimo diabo. Podemos fazer com que certos cães e certas mulheres desapeguem – e eles acabam desapegando. Já um gato, caralho, a casa pode ser arrebentada por um raio, muito tempo depois ele continua ronronando com seu leite. Um gato é capaz de comer você se você morrer. Não importa quanto tempo vocês viveram juntos. Teve um velho certa vez que morreu sozinho que nem Buk, e ele não tinha mulher mas tinha gato e morreu ali sozinho e foi dias dias dias pobre do velhinho começou a feder, não é culpa dele, mas da terra revolvendo e removendo restos daquilo que devia ter sido enterrado por espíritos vivos da terra, e o gato cheirando gostoso, pra ele, fedor de carne morta, e quando encontraram eles, o gato tava no chão com as garras enfiadas pra cima, preso na parte de baixo do colchão que nem uma rocha, corroendo através do colchão, pendurado que nem um mexilhão na rocha, e não conseguiram arrancar o gato nem com puxão nem com porrete nem com fogo, e aí só restou jogar ele fora junto com o maldito colchão. Numa noite enluarada, imagino, com orvalho de lua e folhas refrescando o cheiro da morte, ele desapegou.

Não existem espíritos ou deuses num gato, não procure por eles, Shed. Um gato é a imagem da maquinaria eterna, igual ao mar. Nós não domesticamos o mar porque ele é bonitinho mas domesticamos um gato – por quê? – SÓ PORQUE ELE NOS DEIXA. E um gato não sabe nunca o que é ter medo – finalmente – ele só se mete na mola do mar e da rocha, e mesmo em uma luta mortal ele não pensa em nada exceto na majestade da escuridão.

∫

eu nem sempre odeio o gato que mata o pássaro,
  só o gato
    que me mata...

amiga lua, amigo gato, vocês não pedem nada de misericórdia ou espetáculos ou presentes,
apenas calmaria e lavanda. e casas. moita. movimento
como numa tigela.
                ah rapazes de Princeton baforando
                    cachimbos
                ah jovens de Harvard baforando
                rabiscando livros em nome da segurança,
pois amiga lua, amigo gato,
                vocês não têm justificativa
                vocês não passam de baforadas rosa e
                    nuvens
                pastel
inúteis como as calcinhas da minha namorada no chão
ou a minha namorada no chão
baforando para explodir
                como os *Pinheiros de Roma* de Ottorino
                    Respighi.

... árvore cheia de pássaro tem justiça.
ou terra cheia de minhoca.
ou gente cheia de terra.

justificativa.

andamos sobre um tapete da meia-noite
nem drogados nem sonhados nem embriagados.
e quando a janela cai num estrondo
com altivez e peido de canhão
ou a buzina bafora corneta como um falo
ou o rinoceronte ruge em seu sonho de sorvete,

ruge como os pelos do seu braço
ao deitar agulha nos *Comediantes* de Kabalevsky
enquanto moedinhas começam a respirar
e a coitada da Dolores Costello
é enrolada em bobina velha dentro do armário
como linha de peixe.

estou com vocês... amigos lua e gato:
nós apuramos um ouvido, um olho,
calmos no patamar deles, e aí
vamos em frente, lua e gato

passando
pelo incêndio da solteirona
passando por Van Goghs e Rembrandts
pendurados como folhas...

rumo ao topo do telhado, esta noite;
a continentes de exatidão,
ao som que faz girar o mundo.

∫

Passarinhos que agem como gatos cantam na minha mente.

∫

acordando pra vida como fogo

em grave divindade meu gato
vagueia sem rumo

ele vagueia sem rumo e sem parar
com rabo elétrico e
olhos de
botão de apertar

ele é
vivo e
sedoso e
definitivo como um pé
de ameixa

nem eu nem ele entendemos
catedrais ou
o homem lá fora
molhando seu
gramado

se eu fosse tanto homem
quanto ele é gato – se
existissem homens assim
o mundo poderia
começar

ele pula em cima do sofá
e atravessa
pórticos da minha
admiração.

∫

*nasci para trambicar rosas nas
avenidas dos mortos*

2
você perdeu uma discussão felina o cinza estava
cansado louco batendo rabo e encheu
o saco do preto que não queria ser
incomodado e aí o preto
correu atrás do cinza lhe deu uma patada o
cinza disse *ui*
disparou embora parou coçou a orelha
deu piparote numa palha disparou no ar e
se mandou derrotado e fazendo planos enquanto um
branco (outro) passava correndo pelo
outro lado da cerca perseguindo um
gafanhoto enquanto alguém atirava no sr.
Kennedy.

∫

As fábricas, as cadeias, os dias e as noites de bebedeira, os hospitais me enfraqueceram e me abalaram como um rato na boca de um gato malandro: vida.

∫

o tortuoso bem de socorrer quem sofre

tendo ficado muito magro e nervoso
como um músico passando fome
alimentei-o bem
e ele ficou gordo
como um texano magnata do petróleo e não tão
nervoso
mas mesmo assim
esquisito.

adormecido na cama eu desperto
e seu nariz está tocando meu
nariz e aqueles
grandes olhos amarelos
S O N D A N D O
o que resta de minha alma
e aí eu digo –
    sai, desgraçado!
    tira esse seu nariz do meu
    nariz!
ronronando como uma aranha cheia de
moscas ele se afasta um
pouco.

eu estava na banheira ontem
e ele veio andando

pernas esticadas alto
cauda sacudindo
e eu ali
fumando um charuto e lendo a
NEW YORKER
e ele pulou na borda da
banheira
equilibrando-se sobre o marfim escorregadio
curvando-se
e eu disse a ele:
      meu caro, o senhor é um gato e gatos
      não gostam de água.
mas ele se voltou rumo às torneiras
e ficou pendurado ali com seus pés pretos
e a outra parte dele estava
de cabeça para baixo
farejando a água e a água estava
QUENTE e ele começou a bebê-la
a fina língua vermelha
acanhada e milagrosa
mergulhando na água quente
e ele continuou
farejando
tentando imaginar o que eu estava fazendo ali dentro
o que eu via de tão bom naquilo
e então aquele tolo branco e gordo
caiu na água! –
nós todos saímos dali
molhados e velozes;
gato, eu, charuto e NEW YORKER
salivando, soando, silvando, ensaboados
e minha esposa entrou correndo

           MEU DEUS! O QUE ACONTECEU? O QUE ACONTECEU?
falei por entre meu charuto desemaranhado:
        o cara não pode nem mesmo ter um pouco de privacidade
        em sua própria banheira, foi isso!
ela somente riu de nós
e o gato sequer ficou zangado
ainda estava molhado e inchado
exceto pelo rabo
que agora parecia quase tão fino quanto um
rabo de rato e muito triste e
ele começou a se
lamber.
usei uma toalha,
então fui para o quarto
deitei na cama
e tentei encontrar meu lugar na
revista.

mas o bom humor estava desfeito
larguei a publicação de lado
e olhei para o teto
lá para o espaço onde Deus supostamente
estava
então escutei:
MIIIAAU!

o próximo gato desgarrado que aparecer na minha porta vai
continuar sendo um
desgarrado.

∫

retrato de uma alma para moscas

ele é um homem com camisa de baixo usadíssima de desbotada
revolução
avançando a matemática de sua impureza rumo ao
zero final
e despertando esta manhã com o sabor do salmão
em minha língua
pensei nele
embora eu sentisse precisar de um sacerdote
ou pelo menos da carícia de sua mulher do lar
para devolver a minhas partes íntimas alguma partícula de
majestade

há uma carta na mão dele
de um homem rico em Santa Fé:
"Você está deslizando, você está deslizando, V. e eu
que somos seus fãs de muitos anos
estamos seriamente preocupados com seu declínio
artístico – muito embora sua popularidade ainda pareça estar
subindo. por que você não consulta um psiquiatra e faz com que a
rolha seja expelida de sua
bunda?
    J."

os comprimidos de Alka-Seltzer, como aranhas rastejantes,
ganham vida enquanto seu gato branco se senta dentro da janela
olhando para ele
meu gato é bonitão, ele pensa,
meu gato não precisa ficar SE FAZENDO
na labuta
do ideal americano
e ele mete seu nariz
seu nariz ideal americano
nas bolhas nítidas de que o gato nunca precisa
e bebe as bolhas
enquanto a transpiração da noite – 18 cervejas e meio litro de scotch
    ontem –
moureja por suas orelhas e pescoço

eu devia chamar Fat Freddy o Arremessador de Bosta
eu devia encontrar uma montanha de bronze para esconder minha
psique de quitandeiro ambulante embaixo

um pássaro se eleva na moita lá fora
apanhado entre o sol e ele mesmo
e a mancha de uma enorme sombra de asa
passa por cima dele
passa por cima do canto da casa –

o gato pula contra a tela
e tudo é mais velho do que a Normandia e Stalingrado
e o bombardeio dos portos

Winston Churchill
com cérebro de criança

cuspe no queixo
acena para a multidão desnorteada de amor
da janela alta
e então ele está morto
como quase tudo
mais

mas o homem com a camisa de baixo usadíssima:
seu gato está zangado
a tela o enganou
e os olhos amarelos do gato despencam sobre os dele
que nem os olhos de um pequeno empresário
que certa vez o demitiu por vadiar
no almoxarifado

"vai à merda você", ele diz ao gato, "e
à merda todas as condutas pouco talentosas de meu
talento minguante."

30 minutos depois
aquela primeira garrafa de cerveja
é melhor do que qualquer sexo em qualquer lugar do mundo
com qualquer vaca de bunda grande
da qual
ele jamais rasgou seda e renda

ele entra no quarto em que sua mulher está sentada
embalando na barriga o filho dele
e tira o cigarro da mão dela
coloca na própria boca
e tosse tosse tosse
e ainda o talento minguante
ele pensa, já ouvi essa tosse antes:

cavalo trincando lavagem de saliva em bocal de ferro
enquanto puxa sua primeira carroça de lixo
pela inútil e gélida manhã
em certa cidade pequena
na qual um único homem possui um
Mercedes

ele está suando
deve estar fedendo
mas as paredes são educadas
e ele segura meia cerveja numa garrafa
e a mulher fala:
"espero que não tenha sido a sério tudo aquilo que você disse
ontem à noite."

"ah, só as coisas boas."

"bem, isso já é uma redução.
você não vai beber hoje?"

"só um pouquinho, querida. eu sou um covarde."

"alimente o gato."

"tá."

na porta está um mensageiro da Western Union. ele lhe dá uma
gorjeta insubstancial e o mensageiro se manda
suando
o batalhador americano
Deus o proteja

PRAZO FINAL PARA NOSSA EDIÇÃO DE POESIA ORIGINAL
A SAIR EM SETEMBRO É 17 DE AGOSTO EU
GOSTARIA MUITO DE UMA CONTRIBUIÇÃO SUA A ESSA
EDIÇÃO EXCLUSIVA MEUS MELHORES CUMPRIMENTOS
    GENE COLE INTERMISSION MAGAZINE
    3212 NORTH BROADWAY
    CHICAGO
ILL

"alguém morreu?"

ele passa para ela
o telegrama

"uuuh, você está famoso!"

"consigo até ver agora: eu e Genet e Sartre
bebendo juntos num café de calçada em
Parri."

"quem são eles?"

"ninguém. outros geni."

"ah. bem, alimente o
gato."

então alimentei o gato
bebi mais 18 latas de cerveja e
escrevi
isto.

∫

moita sensível, dormindo
flor, eu desperto

o caçador passa por minha janela
4 pés presos na brilhante quietude de uma
noite
amarela e azul.

cruel estranheza vigora em guerras, em
jardins –
a noite amarela e azul explode diante
de mim, atômica, cirúrgica,
cheia de salgados estrelados
diabos...

então o gato pula em cima da
cerca, uma consternação rechonchuda,
estúpido, solitário...
bigodes feito uma velhinha no
supermercado
e nu como a
lua.

e fico temporariamente
maravilhado.

Ting

∫

não gosto do amor como ordem, como busca. ele precisa chegar até você, como um gato faminto na porta.

∫

o tordo-dos-remédios

o tordo-dos-remédios vinha seguindo aquele gato
pelo verão todo
remedando remedando remedando
provocador, todo convencido;
o gato rastejava sob cadeiras de balanço em varandas
rabo em riste
e falava algo muito furioso para o tordo
que eu não entendia.

ontem o gato veio tranquilo pela entrada de garagem
com o tordo vivo na boca,
asas em leque, belíssimas asas em leque, baqueadas,
plumas abertas como as pernas de uma mulher no sexo,
e o pássaro já não remedava,
ele pedia, ele rogava
mas o gato
andando a passos largos pelos séculos
não escutava.

vi o gato rastejar pra baixo de um carro amarelo
com o pássaro
para barganhá-lo a outro lugar.

o verão estava terminado.

∫

olhando para os colhões do gato

sentado aqui junto à janela
suando suor de cerveja
dilacerado pelo verão
estou olhando para os colhões do gato.

não é minha escolha.
ele dorme numa velha cadeira de balanço
na varanda
e dali me olha –
de trás –
pendurado em seus colhões de gato

eis ali seu rabo, coisa maldita,
pendendo para o
lado –
eu vejo seus peludos tanques de armazenamento –
no que pode um homem pensar
enquanto olha o saco de um gato?
por certo não nas frotas afundadas de
grandes batalhas navais.
por certo não num programa de ajuda aos
pobres.
por certo não num mercado de flores ou numa dúzia de
ovos.
por certo não num interruptor de luz quebrado.

colhão é colhão, nada mais –
e com toda *certeza* os colhões de um gato,
os meus têm um aspecto bastante polpudo
e, segundo me dizem meus contemporâneos,
bem grande:
"você tem muito colhão, Bukowski!"

mas os colhões do gato:
não consigo entender se ele está pendurado neles
ou se eles estão pendurados nele –
veja só, há uma batalha quase todas as noites pela
fêmea –
e isso não é fácil para nenhum de nós.

veja ali –
falta um pedaço de sua orelha esquerda;
certa vez pensei que um de seus olhos tinha sido
arrancado
mas quando a camada de sangue seco se descascou
uma semana depois
lá estava seu olho
verde de ouro puro
me fitando.

seu corpo inteiro está ferido de mordidas
e outro dia,
tentando acariciar sua cabeça
ele guinchou e quase me mordeu –
a pele felpuda em volta do crânio, exangue,
rasgada, revelava o osso.
não é fácil para nenhum de nós.
aqueles colhões de gato, pobre coitado.

ele dorme agora sonhando –
o quê? – um tordo gordo em sua boca? –
ou cercado por gatas no cio? –
ele sonha seus devaneios
e vai saber
hoje à noite.

boa sorte, velho companheiro,
não é fácil,
pendurados em nossos colhões estamos, é isso,
estamos pendurados em nossos colhões,
e um pouco de colhão me cairia bem –
enquanto isso –
proteger os olhos e golpear com a esquerda
e correr como louco
quando já não tiver utilidade
nenhuma.

∫

a coisa mais estranha

eu estava sentado numa cadeira no escuro
outra noite
sem fazer nada
quando sons de tortura dos mais horríveis
começaram na moita
diante da minha
janela.
obviamente não eram um gato macho e uma fêmea
e sim
um macho e um
macho
e pelo som
um parecia ser
bem maior, atacando
com total intenção de
matar.
fiquei parado. então aquilo
parou.

então começou de novo
pior dessa vez;
os sons eram tão terríveis
que eu era incapaz de
me mexer.
então parou de novo.

levantei da minha cadeira
fui para a cama e
dormi.

tive um sonho. um gato pequeno, muito pequeno
veio até mim no meu sonho
e ele estava muito
triste. falou comigo, disse:
 "veja o que aquele outro gato fez comigo".
e ele se virou no meu colo
e eu vi os talhos e as
indentações. então ele saltou
do meu colo.

então isso foi tudo.

acordei às 8:45 da noite
coloquei minhas roupas e saí lá fora e
olhei em volta.

não havia nada.
voltei pra dentro e larguei dois ovos
numa panela com água
e liguei o
fogão.

∫

noite úmida

o trapo.
ela estava ali sentada, tristonha.
eu não podia fazer nada com ela.
estava chovendo.
ela se levantou e foi embora.
bem, que diabo, estamos nessa de novo, pensei.
peguei minha bebida e aumentei o volume do rádio,
tirei o quebra-luz do abajur
e fumei um charuto barato preto amargo
importado da Alemanha.
houve uma batida na porta
e eu abri a porta
um homenzinho estava ali na chuva
e ele disse:
você viu um pombo na sua varanda?
eu respondi que não tinha visto um pombo na minha varanda
e ele me pediu para avisá-lo
se eu visse um pombo na minha varanda.
fechei a porta
me sentei
e então um gato preto saltou pra dentro da
janela e pulou no meu
colo e ronronou, era um animal belíssimo
e o levei até a cozinha e ambos comemos uma
fatia de presunto.

então apaguei todas as luzes
e fui pra cama
e aquele gato preto foi pra cama comigo
e ele ronronou
e eu pensei, bem, alguém gosta de mim,
então o gato começou a mijar,
ele me deixou todo mijado e deixou os lençóis todos mijados,
o mijo correu por minha barriga e deslizou por meus flancos
e eu falei: ei, qual é o problema com você?
peguei o gato e o levei até a porta
e o joguei lá fora na chuva
e pensei, é muito estranho, esse gato
mijando em mim
seu mijo era frio como a chuva.
então liguei para ela
e falei, olha, qual é o problema com você? você perdeu
sua maldita cabeça?
desliguei e tirei os lençóis da cama
e me deitei e fiquei ali ouvindo a chuva.
às vezes o cara não sabe o que fazer em relação às coisas
e às vezes é melhor ficar deitado bem imóvel
e tentar não pensar em absoluto
sobre nada.

o gato pertencia a alguém
ele tinha uma coleira antipulga.
não sei quanto à
mulher.

∫

[...]
gatos matam gatos às
3 da manhã
arrancando a dentadas as pernas
da frente e atacando a
garganta
deixando pele
e osso enrijecido
para qualquer colecionador de
lixo e vida
passada desaparecida.

∫

pequenos tigres em toda parte

Sam, o cara do puteiro,
tem sapatos rangentes
e caminha pra lá e pra cá
pelo pátio
rangendo e conversando com
os gatos.
ele tem 140 quilos,
um matador
e conversa com os gatos.
ele frequenta as mulheres da casa
de massagens e não tem namorada
nem automóvel
ele não bebe nem se droga
seus maiores vícios são
mastigar um charuto e
alimentar todos os gatos da
vizinhança.
algumas das gatas ficam
prenhes
e aí afinal surgem
mais e mais gatos e
toda vez que eu abro minha porta
um ou dois gatos entram
correndo e às vezes eu
esqueço que eles estão ali e

eles cagam embaixo da cama
ou eu acordo de noite
ouvindo ruídos
salto de pé com minha lâmina
entro de fininho na cozinha e
encontro um dos gatos de Sam,
o cara do puteiro, circulando pela
pia ou sentado em cima
da geladeira.

Sam comanda o salão do amor
ali na esquina
e suas garotas se postam na
entrada sob o sol
e os semáforos ficam
verdes e vermelhos e verdes e vermelhos
e todos os gatos do Sam
possuem parte do significado
a exemplo dos dias e das noites.

∫

o amor são os gatos esmagados
do universo

Enviado a Sheri Martinelli em 1966, este é o único desenho de um gato feito por Bukowski do qual se tem conhecimento. Outras tentativas de ilustrar gatos, como a pintura da folha de rosto, acabavam parecidas com cachorros.

∫

Entrei na cozinha, abri um frasco de vitamina E, 400 U.I. cada, e meti um monte goela abaixo com meio copo de água Perrier. Aquela ia ser uma boa noite para Chinaski. O sol declinava pelas venezianas, criando um desenho familiar no tapete, e o vinho branco gelava no refrigerador.

    Abri a porta e saí na varanda. Havia um gato estranho ali. Era uma criatura enorme, um macho, com brilhante pelo preto e luminosos olhos amarelos. Não estava com medo de mim. Ele veio ronronando e se esfregou em uma das minhas pernas. Eu era um cara legal, e ele sabia disso. Os animais sabiam esse tipo de coisa. Eles tinham um instinto. Voltei para dentro e o gato me seguiu.

    Abri para ele uma lata de atum branco sólido StarKist. Conservado em água mineral. Peso líquido 200g.

∫

castração ruim

caparam o velho Butch,
as garotas já não parecem mais
grande coisa.

quando Big Sam se mudou
dos fundos
eu herdei o grande Butch,
70 em idade de gato,
velho,
capado,
mas mesmo assim
ninguém se lembrava de ter visto
um gato maior
ou mais malvado.

o maldito quase estraçalhou
minha mão
a mão que o alimenta
algumas
vezes
mas o perdoei,
ele é capado
e tem alguma coisa
nele
que não gosta
disso.

à noite
ouço Butch espancando e
botando pra correr outros gatos por entre
as moitas.
Butch ainda é um magnífico
gato velho,
brigando
mesmo sem aquilo.

que desgraçado ele deve ter sido
com aquilo
quando tinha 19 ou 20 anos
trilhando lentamente
seu caminho
e até mesmo agora
olho para ele
ainda sinto a coragem
e a força
apesar da pequenez do homem
apesar da divindade científica do homem,
o velho Butch
conserva
perdura

me encarando com seus
malignos olhos amarelos
naquela enorme
e invicta
cabeça.

∫

presente

sabe
o cara dos fundos se mudou
não conseguia pagar o aluguel
então herdei esse
gato velho enorme
grande como um cão mediano
malvado
olhos amarelos
velho e furiosamente forte
quando ataca com uma daquelas
patas
as paredes tremem.
seu nome é "Butch" e ele
não é de ficar brincando por aí
ele é ranzinza
tem suas próprias ideias estabelecidas
aprendidas em algum lugar
muito tempo atrás.
ele embarca numa viagem
que é só dele
às vezes ele
some
eu fico lhe fazendo carinho
e aí ele me pega
minha mão presa em sua
pança

os dentes incisam
a parte de cima da minha mão
e me segurando ali
desse jeito
ele rasga as costas dos
meus pulsos
com suas duas patas traseiras
com as garras
totalmente estendidas...
deixo minha mão ali
até ele terminar
então eu
a levanto dali
filetes de sangue
escoam... ele só
me olha.

vou mandá-lo pra você
num caixote
todo natural amendoado
vou abrir buracos para ele
respirar

mas tome cuidado quando alavancar
a tampa

vou mandá-lo pra você
bem a tempo
por via aérea expressa

abra esse caixote no
Dia Nacional da Poesia.

∫

Butch Van Gogh

pouco antes de deixar Hollywood meu gato se meteu numa briga
que o deixou com uma orelha de couve-flor.
agora morando aqui
foi comigo ontem ao veterinário.
eles tinham odontologia animal
psiquiatras de animais
e ainda uma sala de PRONTO-SOCORRO
ele precisava de cirurgia
anestesia
pílulas
pomadas.

a conta
chegou a $82.50.

"nossa", falei para o veterinário, "este é um gato
de rua desbolado com dez anos. consigo uma dúzia desses de
graça."

o veterinário apenas desenhou pequenos círculos numa folha de papel
com seu lápis.

"tá bom", eu disse, "vá em frente."

"Butch Bukowski", o veterinário escreveu como nome do paciente.
quando voltei para pegá-lo ele estava com o crânio embrulhado
e
parecia ter um buraco perfurado na cabeça.
uma enfermeira o trouxe da sala 6.

"o que é isso?", perguntei, "vocês fizeram uma lobotomia nele?"

agora ele só fica sentado em cima do fogão me encarando.
Butch Van Gogh Artaud Bukowski.

como um amigo meu me disse uma vez:
"cara, tudo que você toca vira merda!"

ele tem razão.
eu me masturbo sem parar desde os meus onze anos
de idade.

∫

um leitor

meu gato cagou nos meus arquivos
ele trepou na minha caixa de laranjas
de *Golden State Sunkist*
e cagou nos meus poemas
meus originais de poemas
preservados para os arquivos das universidades.

esse crítico preto gordo de uma orelha só
ele encerrou as minhas atividades.

Butch

∫

Manx

isto é só uma chamada longa
de um espaço curto
não engendra
nenhum brilho especial
saber que
estamos errando de novo.
nós rimos cada vez menos,
vamos ficando mais sãos.
tudo que queremos é
a ausência dos outros.
até a música clássica
já foi ouvida demais,
os bons livros foram
lidos.
estamos suspeitando de novo
como suspeitamos no início
que somos
esquisitos, deformados, sem
lugar aqui...
enquanto escrevemos isto
soa um zumbido feio
algo aterrissa em nosso
cabelo
e fica embutido ali
levamos a mão à cabeça

e libertamos a coisa num puxão
enquanto ela morde nosso dedo.
que maldita nulidade
é essa
no meio da
noite?
sumiu...

há uma porta de vidro
corrediça
e vemos lá fora
um Manx branco sentado
com um olho vesgo.
a língua desponta da boca
de lado.
abrimos a porta
e ele desliza pra dentro
pernas da frente correndo
em uma direção.
as de trás
na outra.
ele vem ao nosso encontro
num ângulo rasteiro
sobe voando por nossas pernas
nosso peito
posiciona pernas da frente
como braços
perto de nossos ombros
enfia o focinho
bem perto do nosso
e olha para nós
melhor que pode;

também atordoados,
retribuímos o olhar.

em alguma noite,
meu velho,
em algum momento,
de algum jeito.
unidos
aqui.

nós sorrimos de novo
como costumávamos sorrir.
de repente o Manx
salta para longe
disparando de lado
por cima do tapete
perseguindo algo
que nenhum de nós
consegue ver.

Um ladrão internacional atropelou meu gato favorito segunda-feira (o Manx). A roda dianteira do carro passou toda por cima dele. Ele está acamado no hospital agora. O doutor falou que é possível ele nunca mais andar de novo. Cedo demais para saber. O raio X mostra a espinha dorsal fodida. Um grande gato. Baita personalidade. Talvez eles consigam operar, ou lhe montar um aparelho com rodas. O raio X também mostra que alguém deu um tiro no gato em algum momento no passado. Ele passou por poucas e boas.

∫

O Manx está caminhando de novo, se bem que um pouco de lado. Ele ficou no hospital dos gatos por 7 dias. O doutor falou que é um milagre, em nenhum momento ele esperou que o Manx fosse voltar a andar. Além disso, ele não é um Manx, alguém cortou fora o rabo dele. Ele é meio siamês. Um animal muito estranho, inteligente que é um diabo. O cara que o atropelou veio aqui ontem à noite, Manx deu uma olhada nele e saiu correndo, disparou pela escada e se escondeu atrás da privada no andar de cima. Ele sabia quem estava dirigindo aquele carro.

∫

Eis aqui um belíssimo gato. Sua língua pende para fora, ele é vesgo. O rabo foi decepado. É belíssimo, tem bom senso. Levamos o gato ao veterinário para fazer um raio X – ele foi abalroado por um carro. O doutor falou: "Esse gato foi atropelado duas vezes, já levou tiro, o rabo foi cortado fora". Eu disse: "Esse gato sou eu". Ele apareceu na porta morrendo de fome. Sabia direitinho onde vir. Somos ambos vagabundos saídos das ruas.

∫

O Manx apareceu na porta quase morto certo dia. Nós o acolhemos, o engordamos, então um amigo veio bêbado e o atropelou com seu carro. Eu vi. O gato ficou simplesmente me encarando enquanto aquilo acontecia. Levamos ele ao veterinário. Raios X. Ele não é um Manx coisa nenhuma. Veterinário falou que alguém cortou fora seu rabo. Além disso levou tiro, chumbo ainda alojado, e já tinha sido atropelado uma vez – emenda da espinha dorsal nos raios X. Ele também é vesgo. Falou que ele provavelmente nunca andaria de novo. Agora ele está correndo, língua pendurada pra fora, vesgo. É um maluco durão.

Manx

∫

O gato vesgo sem rabo apareceu na porta um dia e nós o deixamos entrar. Velhos olhos cor-de-rosa. Um baita cara. Os animais são inspiradores. Eles não sabem mentir. São forças naturais. A TV pode me deixar mal em cinco minutos, mas posso olhar para um animal por horas e não ver nada além de graça e glória, a vida como ela deveria ser
.

∫

trabalho noturno

meu gato pulou pra dentro da lareira
queimando
como Van Gogh
rasgou a tela dos fundos
e entrou
procurando pela puta azul
de lugar algum.

∫

Um dia eu estava parado de bobeira, esperando como de costume, pouco amigável com a turma, no fundo não querendo mais estar, quando Gene surgiu do meu lado a mil:
– Ei, Henry, vem comigo!
– O que foi?
– VEM COMIGO!
Gene começou a correr e eu corri atrás dele. Corremos pela entrada da garagem até o quintal dos Gibson. Os Gibson tinham um grande muro de tijolo ao redor do quintal todo.
– OLHA! ELE DEIXOU O GATO ENCURRALADO! VAI MATAR O BICHO!
Havia um gatinho branco acuado num canto do muro. Ele não tinha como subir e não tinha como ir nessa ou naquela direção. Suas costas estavam arqueadas e ele cuspia fogo, as garras prontas. Mas era muito pequeno, e o buldogue de Chuck, Barney, rosnava e chegava cada vez mais perto. Fiquei com a sensação de que o gato tinha sido colocado ali pelos caras e depois o buldogue tinha sido trazido. Minha sensação era quase certeza pelo modo como Chuck e Eddie e Gene assistiam àquilo: eles tinham expressões culpadas.
– Vocês que fizeram isso – eu disse.

– Não – Chuck falou –, a culpa é do gato. Ele veio parar aqui. Deixa ele tentar escapar na porrada.
– Odeio vocês, seus desgraçados – eu disse.
– O Barney vai matar esse gato – disse Gene.
– O Barney vai estraçalhar o bicho – Eddie falou. – Ele está com medo das garras, mas, quando der o bote, pronto, tudo acabado.
Barney era um grande buldogue marrom com mandíbula encharcada de baba. Era bobalhão e gordo, com olhos castanhos irracionais. O rosnado era constante, e ele não parava de avançar em câmera lenta, com pelos eriçados no pescoço e ao longo das costas. Tive vontade de acertar um chute no traseiro do imbecil, mas imaginei que ele arrancaria minha perna fora. Ele estava totalmente concentrado em matar o adversário. O gato branco não tinha nem terminado de crescer ainda. Ele silvava e aguardava, espremido contra o muro, uma criatura belíssima, tão limpa. O cão avançava devagar. Por que os caras precisavam daquilo? Não era uma questão de coragem, era puro jogo sujo. Onde estavam os adultos? Onde estavam as autoridades? Estavam sempre ao meu redor me acusando. Onde estavam agora? Pensei em me meter ali, agarrar o gato e sair correndo, mas me faltou fibra. Eu temia que o buldogue fosse me atacar. A noção de que eu não tinha coragem para fazer o que era necessário me dava uma sensação péssima. Comecei a me sentir fisicamente mal. Eu estava fraco. Não queria que aquilo acontecesse, mas não conseguia pensar em maneira alguma de impedir.
– Chuck – eu disse –, deixa o gato ir, por favor. Chama o seu cachorro.
Chuck não respondeu. Simplesmente continuou observando. Então ele falou:
– Barney, pega! Pega o gato!
Barney avançou e o gato deu um pulo repentino. Ele virou um furioso borrão de brancura e chiado, garras e dentes. Barney deu para trás e o gato recuou de novo até o muro.

– Vai, pega ele, Barney – Chuck disse de novo.
– Que droga, cala essa boca! – gritei para ele.
– Não fala comigo desse jeito – Chuck disse.
Barney começou a ir em frente de novo.
– Vocês armaram isso – eu falei.
Ouvi um leve ruído atrás de nós e virei a cabeça. Vi o velho sr. Gibson nos observando por trás da janela de seu quarto. Ele queria ver o gato ser assassinado também, igual aos caras. Por quê? O velho sr. Gibson era o nosso carteiro com dentadura. Ele tinha uma esposa que ficava dentro de casa o tempo todo. Só saía para tirar o lixo. A sra. Gibson sempre prendia com rede os cabelos e sempre estava de camisola, roupão de banho e chinelos.

Então, diante dos meus olhos, a sra. Gibson, vestida como sempre, apareceu e parou ao lado do marido, esperando pela morte do gato. O velho sr. Gibson era um dos poucos homens da vizinhança que tinham emprego, mas mesmo assim precisava ver o gato ser morto. Gibson era exatamente igual a Chuck, Eddie e Gene. Eles eram inúmeros.

O buldogue se aproximou. Eu não ia conseguir ver o gato ser trucidado. Senti uma vergonha imensa por abandonar o bicho daquele jeito. Restava, claro, a chance de que o gato pudesse tentar escapar, mas eu sabia que eles não iriam permitir isso. Aquele gato não estava enfrentando apenas o buldogue, ele estava enfrentando a Humanidade.

Dei meia-volta e fui embora dali, saí do quintal e segui pela entrada da garagem até a calçada. Caminhei pela calçada até onde eu morava, e lá, no pátio da frente da casa dele, meu pai estava parado, esperando.

– Por onde você andava? – ele perguntou.
Não respondi.
– Já pra dentro – ele falou. – E trate de tirar essa tristeza toda da cara, ou eu vou lhe dar uma coisa pra você ficar realmente triste!

∫

gatos e pessoas e você e eu e tudo –

os egípcios adoravam os gatos
com frequência eram sepultados com um
em vez da mulher
e nunca o cachorro

e agora
aqui
as boas pessoas com os
bons olhos
são muito poucas

mas os belos gatos
com grande estilo
vadiam pelos
becos do
universo.

sobre
nossa discussão desta noite
seja lá sobre o que
foi
e
não importa
o quanto

nos deixou
infelizes

lembre que
existe um
gato
em algum lugar
se ajustando ao
espaço de si mesmo
com um encantador
assombro de
tranquilidade.

em outras palavras
a mágica persiste
sem a nossa presença
não importa o que
façamos
contra.

e eu pilharia e
destruiria a última chance de
nós dois

para que isso pudesse
continuar.

não há
discussão.

∫

Encontro minha vaga, prossigo pela entrada da garagem, estaciono, saio, apenas mais um velho toureiro. Dentro, porém, enquanto abro a porta, meu gato branco favorito, *The Jinx*, salta nos meus braços e de súbito estou apaixonado de novo.

Ting

∫

a história de um filho da mãe durão

ele apareceu na porta certa noite molhado ossudo espancado e
aterrorizado
um gato branco vesgo sem rabo
acolhi o gato e o alimentei e ele permaneceu
pegou confiança até que um amigo veio de carro na frente de casa
e o atropelou
levei o que restou para um veterinário que disse: "sem muita
chance... dê pra ele estas pílulas e espere... a espinha dorsal
foi esmagada, já foi esmagada uma vez antes mas de algum modo
se soldou, se sobreviver nunca mais vai andar, olhe só
estes raios X, ele já levou tiro, olhe aqui, os chumbos
ainda estão nele... além disso, ele teve um dia um rabo, alguém
cortou fora..."

eu trouxe o gato para casa, era um verão quente, um dos
verões mais quentes em décadas, coloquei-o no chão do
banheiro, dei-lhe água e pílulas, ele não queria comer, ele
não queria nem saber de beber, mergulhei meu dedo na água
e umedeci sua boca e conversei com ele, não saí do lado
dele, passei um tempão na banheira e conversava com
ele e o tocava com brandura e ele só me devolvia o olhar
com aqueles olhos vesgos azul-claros conforme passavam os
dias ele fez seu primeiro movimento
arrastando-se à frente com as pernas dianteiras

(as de trás não se mexiam)
conseguiu chegar à caixa de areia
subiu e entrou rastejando,
foi como as trombetas da chance, da possível vitória,
soando no banheiro e ecoando pela cidade, eu
me identifiquei com o gato – passei por maus bocados, não esse tipo
de bocado, mas maus o bastante...

certa manhã ele se levantou, ficou de pé, caiu deitado e
só ficou olhando pra mim.

"você consegue, cara", eu disse para ele, "você é dos bons..."

ele continuou tentando, levantando e caindo, por fim
chegou a dar alguns passos, era como um bêbado trançando as
pernas, as traseiras simplesmente se recusavam a obedecer e ele caiu
de novo, descansou, então levantou...

você sabe o resto: agora ele está melhor do que nunca, vesgo,
quase desdentado, a graça voltou por completo, e aquela expressão
nos olhos esteve sempre ali...

e agora às vezes sou entrevistado, querem que eu fale sobre
vida e literatura e eu fico bêbado e seguro no alto meu gato
vesgo baleado atropelado desrabado diante deles e digo: "vejam,
    vejam
isto!"

mas eles não entendem, dizem algo tipo: "você
afirma ter sido influenciado por Céline..."

"não", eu seguro o gato no alto diante deles, "por aquilo que
   acontece, por
coisas como isto, por isto, por *isto*!"
eu sacudo o gato, com as mãos por baixo das pernas dianteiras na
luz esfumaçada e bêbada; ele está relaxado, sabe das coisas...

é meio por essa altura que quase todas as entrevistas terminam.
se bem que fico muito orgulhoso às vezes quando vejo as
   entrevistas
depois e lá estou eu lá está o gato e aparecemos na fotografia
   juntos...

ele também sabe que é papo furado mas ajuda a pagar a ração,
certo?

∫

terminologia

meu outro gato favorito
parecia estar morrendo
e eu o levava e buscava
na clínica
veterinária
para raios X,
consultas,
injeções,
operações,
"absolutamente tudo",
falei pro doutor,
"tentemos mantê-lo
funcionando..."

certa manhã
fui de carro
pegá-lo
e a garota no balcão
uma garota enorme
embrulhada num traje
branco de enfermeira
me perguntou:
"deseja que o seu gato
seja sacrificado?"

"o quê?", eu
perguntei.

ela repetiu
sua declaração.

"sacrificado?", eu
perguntei, "você quer dizer
exterminado?"

"bem, sim", ela
sorriu sob seus
olhos minúsculos, então
examinando a
ficha em sua
mão ela disse:
"ah, não, na verdade
foi a *sra. Evans*
quem pediu
o procedimento para seu
gato..."

"sério?", eu
perguntei.

"lamento muito",
ela disse.

ela entrou na
outra sala com
a ficha dela
e eu pensei:
você lamenta e eu

lamento,
e sua lamentável
bunda gorda
seu lamentável
jeito de andar
sua lamentável
cama
sua lamentável
vida e sua
lamentável morte
e sua lamentável
sra. Evans
e suas duas
merdas
gordas lamentáveis.

então fui até o
canto,
sentei
e abri
uma revista
de gatos, então
a fechei,
pensando: é só
o trabalho dela; dito e
feito.
ela não mata
os gatos,
ela registra as
mensagens.
quando voltou
à recepção
já não me enojava

tanto assim
e abri a revista de gatos
de novo
e virei as
páginas
como se eu tivesse
esquecido
tudo,
mas não
tinha,
exatamente.

∫

este vai para o garotão

ele era só um
gato
vesgo,
um branco sujo
com olhos azul-claros

não vou aborrecer você com sua
história
vou só dizer
que ele tinha muito azar
e era um bom e velho
garotão
e ele morreu
como pessoas morrem
como elefantes morrem
como ratos morrem
como flores morrem
como água evapora e
o vento para de soprar

os pulmões pifaram
segunda passada.
agora ele está no jardim
de rosas
e eu escutei uma
marcha comovente

tocando pra ele
dentro de mim
coisa que não muitos
de vocês,
eu sei,
gostariam de saber,
mas alguns
gostariam.

isso é
tudo.

Manx

∫

um poema da natureza pra você

eu tenho dois gatinhos que estão rapidamente virando
gatos e
nós dormimos na mesma cama – o problema sendo que
eles madrugam:
volta e meia sou acordado por garras percorrendo meu
rosto.

esses dois,
tudo que fazem é correr, comer, dormir, cagar e
brigar
mas de vez em quando ficam parados e me
encaram
com olhos
bem mais belos do que quaisquer olhos humanos que jamais
vi.
são dois caras legais.

tarde da noite quando bebo e escrevo à máquina
eles ficam em volta
tipo, digamos,
um no encosto da minha cadeira e o outro lá embaixo,
mordiscando meus dedos.
nós temos uma preocupação natural uns com os outros, gostamos
   de saber

onde estamos e onde tudo
está.

então
eles saem
correm pelo piso
correm pelas folhas datilografadas no chão
deixando amassados e furinhos minúsculos no
papel.

então
saltam dentro da grande caixa de cartas que recebo das
pessoas
mas não respondem, são
domesticados.

estou esperando inúmeros poemas de gato vindos deles
dos quais este é o
primeiro.

"meu deus", vão dizer, "Chinaski só escreve sobre
gatos!"
"meu deus", costumavam dizer, "Chinaski só escreve sobre
putas!"

os reclamantes vão reclamar e continuar comprando meus
livros: eles adoram meu jeito de deixá-los
irritados.

este é o último poema dos inúmeros poemas
desta noite, resta
um gole de vinho

e os dois caras
estão adormecidos por cima dos meus pés.
posso sentir seu peso suave
o toque da pele felpuda
estou ciente de sua respiração;
coisas boas acontecem com frequência, lembre-se disso
enquanto as bombas rolam lá fora em magnífico
mutismo
esses dois
aos meus pés
sabem mais,
são
mais,
e instantes do momento explodem
maiores
e um passado sortudo
jamais pode ser
morto.

∫

um camarada sensato

quando eu peido
meu gato não está
nem aí.

Bhau

∫

usando a coleira

moro com uma mulher e quatro gatos
e há certos dias em que todos nos damos
bem.

há certos dias em que tenho problemas com
um dos
gatos.

há outros dias em que tenho problemas com
dois dos
gatos.

outros dias,
três.

há certos dias em que tenho problemas com
todos os quatro
gatos

e a
dama:

dez olhos me fitando
como se eu fosse um cachorro.

∫

perfeitamente bem

os desgarrados continuam chegando: agora temos 5
gatos e eles são tênues, volúveis, con-
vencidos, naturalmente brilhantes e incrivelmente
belos.

uma das melhores coisas a respeito dos gatos é
quando você está se sentindo mal, muito mal –
se você apenas olhar para um gato esfriando a cuca
do jeito que eles fazem
é uma lição de perseverança contra
as adversidades, e
se você puder olhar para 5 gatos é 5
vezes melhor.

não importa quantas dúzias de latas de atum
do supermercado: é combustível para
uma dignidade inexplorada – uma esplêndida
e lustrosa energia de
SIM
sobretudo quando tudo passa
dos limites: a reflexão excessiva sobre os
acontecimentos dos
humanos.

∫

De manhã nós acordamos, homem e esposa, como tantas pessoas acordam. Mas havia um gato novo, um quinto gato, um camarada bem novinho que tinha entrado na nossa família naquela noite. Estava aterrorizado pela vida, faminto, solitário. De alguma forma, em nossa bebedeira, tínhamos alimentado ele. Agora, ali embaixo no tapete, ele rodopiava, pulava de alegria e, com certo pânico pela novidade das coisas, olhava para nós com seus desvairados olhos amarelos.

Um bom sinal: uma vida nova, como a nossa.

Então pensei, hoje Linda Lee vai comer outra coisa além daquele bolo de casamento de cheesecake (cujos restos estavam socados na geladeira).

E um dia nós vamos ver todas aquelas várias fotos do casamento e vamos viver tudo aquilo mais uma vez e ingerir, outra vez, a magia louca.

– Bom dia, sra. Bukowski – eu falei, rindo um tanto.

– Bom dia, querido marido – Linda Lee respondeu, rindo um tanto de volta.

E nós tínhamos uma porta nova na lateral da nossa casa. E muitas outras portas para abrir.

∫

um gato é um gato é um gato é um gato

ela está assobiando e batendo palma
para os gatos
às duas da manhã
enquanto fico aqui sentado
com meu vinho e meu
Beethoven.

"estão só rondando", eu
digo a ela...

Beethoven chocalha seus ossos,
majestoso.

e os malditos gatos
não estão nem se lixando
para
nada disso.

e
caso se lixassem
eu não gostaria deles
nem
um pouco:

as coisas começam a perder seu
valor natural
quando vão se aproximando
do comportamento
humano.

nada contra
Beethoven:

ele foi ótimo
sendo o que
era

mas eu nunca ia querer
Beethoven
no meu tapete
com uma perna
por cima da cabeça
enquanto
ficava
lambendo
o saco.

∫

outro acidente

gato foi atropelado
agora parafuso de prata mantendo unido um fêmur
quebrado
perna direita
envolta em rubra e brilhante
atadura

trouxe meu gato de volta do veterinário
tirei meu olho
dele por
um instante

ele correu pelo piso
arrastando sua rubra
perna
perseguindo a
gata

pior coisa que o
filho da puta podia
fazer

está preso
de castigo
agora

esfriando a
cabeça

ele é igualzinho ao
resto de
nós

ele tem uns grandes
olhos amarelos
fitando fixamente

querendo apenas
viver a
vida
boa.

Beauty

∫

meu gato, o escritor

enquanto fico aqui sentado diante da
máquina
meu gato Ting está sentado atrás
de mim
no encosto da minha
cadeira.

agora
enquanto datilografo isto
ele
se apoia numa gaveta
aberta
e salta em cima desta
escrivaninha.

agora
seu nariz paira por sobre este
papel
e ele me observa
datilografar.

então
ele sai fora
se
afasta e enfia o nariz

numa
xícara de café.

agora
voltou
sua cabeça atravessando esta folha de
papel.
ele
mete sua pata em cima da
fita.

eu
bato numa tecla e
ele
salta fora.

agora
fica só sentado me observando
datilografar.
transferi minha taça de vinho e a
garrafa
para o outro lado
da
máquina.

o rádio toca péssima
música
de piano.

Ting fica só sentado encarando
este
datilógrafo.

você acha que ele quer ser
um escritor?
ou ele foi um no
passado?

eu
não gosto de poemas
fofinhos de gato
mas escrevi um
mesmo assim.

agora
tem uma mosca
aqui
e Ting observa cada
movimento dela.

são 11:45 da noite e
estou
bêbado...

ouça, relaxe, você já leu
poemas
piores do que
este...

e eu já
os escrevi.

∫

5 gatos

gata A: vovozinha, dentes pontiagudos, ela já viu de
tudo, não dá a mínima para a Revolução
Russa ou quaisquer outras; Harry Truman tocando
piano com Lauren Bacall jogada por cima não
importa; ela é perversa porque sobreviver às vezes é
perverso.

gato B: um camarada meigo, se dá bem com todos os
outros gatos e gosta de dormir encostado na parte de baixo da minha
perna à noite, perna esquerda quando estou de costas, perna
direita quando estou de barriga e
ele ouviu Johnny Carson e talvez o viu
mas assim como eu
ele nunca ri
disso.

gato C: o palhaço, garotão, olhos enormes, ele é caramelo e
branco, o preferido no hospital dos gatos, eles o consideram
engraçado
mas quando sai à noite
logo aparecem gritos horríveis saídos da
escuridão.
ele matou um dos gatos dos vizinhos, mutilou
outro.
volta pra casa com tufos de pelo pendendo da
boca, arranhões intermináveis, sangue seco, inchaços,

rabo rasgado, pata rasgada, ele quebrou uma perna,
ele volta o tempo todo para o hospital, toda hora está
enfaixado, ataduras vermelhas e brancas, ele as arranca
fora, nós enfiamos pílulas de antibiótico em sua
goela e tentamos mantê-lo em casa à
noite.
ele nunca leu Schopenhauer mas iria curti-lo
pra burro.

gata D: a mãe dos gatos B e C.
e todos os gatos a perseguem menos B.
gato E também mas ainda não contei sobre o gato
E.
fique comigo.
de qualquer forma, gata D ganha maior parte do nosso amor,
sua existência é tão desgraçada, ela só fica escondida e escondida
e lambe seus graves ferimentos.
se soubesse ler, provavelmente iria devorar as
irmãs
Brontë.

gato E: simplesmente apareceu na porta certo
dia, todo preto, o animal perfeito, cada movimento
desliza pelo espaço sem fricção, ele é o
leopardo, aqueles olhos amarelos encaram você e dizem:
matar ou morrer, ele tem séculos de idade, os outros
gatos mantêm distância dele, incluindo o grande
lutador: C.
são os OLHOS, eles não conseguem enfrentar aqueles
OLHOS.
ele nunca será domesticado
mas dê um jeito de pegá-lo, acariciá-lo, colocá-lo

no chão – ele vai seguir você por alguns minutos, ronronando:
está lhe agradecendo por não tê-lo
assassinado.
ele deixaria Charles Manson morto de medo
e se tivesse que escolher entre coisas assim
num momento mais brando
poderia possivelmente optar por
Céline.

seja como for, todos esses estranhos nacos de vida
nos permitem saber o quanto estamos sozinhos
para sempre e
ao mesmo tempo
nunca.

contudo, pelas incontáveis latas
de atum
A, B, C, D e E
nos mantêm marchando rumo ao
supermercado

onde os funcionários são
todos diferentes
também.

∫

Ter um monte de gatos em volta é bom. Quando você não se sente bem, é só olhar para os gatos, você logo se sente melhor, porque eles sabem que tudo é simplesmente do jeito que é. Não há nenhum motivo para grandes exaltações. Eles simplesmente sabem. São salvadores. Quanto mais gatos tem, mais tempo você vive. Se tiver cem gatos, vai viver dez vezes mais tempo do que se tiver dez. Um dia vão descobrir isso, e as pessoas vão ter mil gatos e viver para sempre. É verdadeiramente ridículo.

[...]

A melhor sensação é quando você arrebenta um cara que não era pra você ter arrebentado, saí no pau com um cara uma vez, ele estava soltando a língua pra cima de mim. Eu falei: "Tá bom. Vamos nessa". Ele não me deu o menor trabalho – arrebentei o sujeito tranquilo. Ele estava deitado ali no chão. Nariz sangrando, serviço completo. Ele falou: "Nossa, os seus movimentos são lentos, cara. Achei que você ia ser uma barbada... a maldita briga começou... e aí eu já não conseguia mais ver as suas mãos, você ficou tão rápido... O que aconteceu?". Eu falei: "Sei lá, cara. É simplesmente assim que funciona". Você guarda. Você guarda para o momento.

Meu gato, *Beeker*, é um lutador. Ele apanha um pouco às vezes, mas sempre sai vencedor. Ensinei tudo pra ele, sabe... atacar com a esquerda, deixar a direita de prontidão.

Ting, Ding e Beeker

∫

luz quente

sozinho
esta noite
nesta casa,
sozinho com
6 gatos
que me contam
sem
esforço
tudo que
há
para saber.

∫

o sonho

eu estava tendo um sonho eu estava de pé neste quarto
e um homenzinho minúsculo
entrou.

ele disse
"eu sou o Homem da Corda e você vai
se estrangular."

eu disse
"não senhor não vou."

"sim senhor vai sim",
ele me disse,
"é automático."

diante dele havia um pequeno carretel de madeira
com certa medida de corda enrolada em
volta.

e na minha frente havia um amontoado de
corda

me agachei peguei um punhado comecei a passá-la
em volta do meu pescoço
tentei parar mas
não consegui

enrolei a corda apertando cada vez mais então comecei
a puxá-la me estrangulando.

então escutei minha esposa ela estava gritando com *Bugger*
um dos nossos gatos   o novinho que não tinha sido castrado
ainda e toda manhã pelas 5:30
Bugger iniciava seus ataques contra um dos nossos outros
gatos.

acordei me levantei e desgrudei *Bugger* do outro gato
e o carreguei escada abaixo abri a porta da frente
delicadamente o larguei
lá fora.

então subi de novo para o andar de cima deitei na cama decidi
não contar à minha esposa sobre o sonho ela levava tudo
a sério demais

mas não consegui deixar de especular sobre como aquele sonho
     poderia ter
acabado

Bugger pode ter salvado minha
vida

por isso   decidi   deixá-lo ficar com
seus colhões
talvez até a
primavera.

∫

Então você tem um gato falante. Quer dizer, grande coisa. E ele confere a secretária eletrônica. Eu tenho 6 gatos e nenhum dos desgraçados fala sequer inglês fajuto… Você nunca pensou em colocar esse gato no circuito de leituras de poesia? Imagine ele lendo *O inferno*. Ou talvez ele escreva seus próprios poeminhas. Ele é castrado? A mulherada simplesmente adora chupar e dar para os poetas. Sabemos disso.

∫

um pouco deste lugar

    cento e vinte e cinco mil tolos
    fizeram fila por um hambúrguer de graça no
    inferno e
    conseguiram.

    Henry Miller bateu uma para um
    touro.

    e em 1889
    Vincent entrou num
    manicômio em
    Saint-Rémy.

    1564: Michelangelo, Vesalius,
    Calvino morrem; Shakespeare, Marlowe,
    Galileu
    nascem.

    peguei um linguado ontem
    e o cozinhei
    hoje.

    no horror do horror do
    horror
    opera um jorro cegante de
    luz:

esta noite
quando deixei os
6 gatos entrarem
foi tão
lindo
que
por um ínfimo
momento
eu
me virei
encarando a parede
leste.

Prana

∫

nossa turma

eu queria batizar nossos gatos de
Ezra, Céline, Turguêniev,
Ernie, Fiódor e
Gertrude
mas
sendo um cara legal
deixei minha esposa
batizá-los
e ficou:
Ting, Ding, Beeker,
Bhau, Feather e
Beauty.

nem mesmo um Tolstói
no maldito
lote todo.

∫

sinfonia anticlássica

o gato que morreu
no meio da rua

esmagado-por-pneu em não-vã
glória

não era nada

como não éramos
nós

desvie
o olhar.

∫

excedente de guerra

minha esposa é mais receosa do que eu
e nós estávamos numa loja
escarafunchando produtos quando
minha esposa disse: "eu quero umas máscaras
de gás".

"máscaras de gás?"

"sim, tem todos aqueles tanques de armazenamento
junto ao porto, se bombardearem aquilo vai
ser um pandemônio de fogo e
gás."

"nunca pensei nisso", eu
falei.

minha esposa achou um vendedor e com toda certeza ele
nos levou até as máscaras de gás – coisas feias, pesadonas,
de aspecto bobo.
o vendedor nos mostrou como elas
funcionavam.

"vamos levar duas", minha esposa
disse.

nós fomos até o balcão para pagar.

"vocês não têm máscaras de gás para gatos?", minha esposa perguntou. "nós temos 5 gatos."

"gatos?", o balconista perguntou.

"sim, o que é que os gatos vão fazer se houver uma explosão?"

"senhora, os gatos são diferentes de nós, eles são de uma categoria inferior."

"eu acho que os gatos são melhores do que nós", falei.

o balconista olhou pra mim. "nós não temos máscaras de gás para gatos."

"vocês aceitam MasterCard?", eu
perguntei.
"sim", ele disse.

o balconista pegou meu cartão, passou no leitor, preencheu o comprovante e o passou para mim.

eu
o assinei.

"você tem gatos?", minha esposa perguntou
para ele.

"filhos", ele disse.

"nossos gatos são os nossos filhos", minha esposa disse.

o balconista ensacou as máscaras e as entregou para mim.

"vocês têm algum tênis
tamanho quarenta e quatro?", perguntei.

"não, senhor."

nós fomos embora dali.

e o balconista não
nos agradeceu por
nossa
preferência.

∫

quando tudo parece finalidade suicida

e o Rabecão Preto do Inferno está passando por cima de mim
com seus pneus furados, radiador vazando, o chofer
sem cabeça lançando pra longe uma sacola com clipes de papel –
gritos asquerosos percorrendo como galgos
minhas sacolas plásticas cerebrais
eu
confiro meus 5 gatos.
confiro seus fiofós
orelhas
patas
pestanas, suas
fissuras, seu fio, sua fofura, sua
eletricidade IBM, seus
olhos sangrando desde o centro do fogo
e eles olham para mim
e falam através das íris: fique
calmo, o mar é seu sangue, a lua é
um dos seus colhões – o grandão da esquerda –
e o seu automóvel está na garagem esperando
por você com paciência e
até a sua esposa
ama você.
você está criando caso demais por nada, nos observe
e aprenda a não esquentar: bravura é beleza, estamos todos
juntos em lugar nenhum e isso é esplêndido, Julho e
circunferência são a mesma coisa

e
cuzão
você não precisa lamber e coçar,
exatamente.

funcionou até
agora: os 5 melhores gatos
do mundo.

Manx

∫

Avancei pela entrada da garagem. Os gatos estavam esparramados em volta, detonados. Na minha próxima vida quero ser um gato. Dormir vinte horas por dia e esperar que me alimentem. Só ficar atirado, lambendo a minha bunda. Os humanos são infelizes e raivosos e bitolados demais.

Craney

∫

peludo bacana

um dos nossos gatos
mais gordos
CRANEY
dorme de cabeça para baixo
praticamente
em qualquer lugar
suas pernas apontando para cima
no ar.

ele sabe que nós nunca vamos
pisar
nele
mas não sabe
quão nervosa
e incompletamente nós
humanos
dormimos.

e vivemos.

∫

consumação

eu desço a escada e ela pergunta:
"você escreveu alguns
poeminhas?"
"sim", eu respondo.
sento ao lado dela no sofá e nós
dois olhamos a tela
da TV:
é David Letterman.
"todos os gatos entraram menos Beeker",
ela diz.
"vou atrás dele", falo.
eu me levanto e saio lá fora e bato minhas
mãos e grito:
"Beeker! Beeker!
vamos lá, Beeker!"
4 ou 5 pessoas desta vizinhança
operária me xingam embaixo de
seus lençóis.
Beeker vem chegando devagar de outro
pátio.
ele escala a cerca.
ele é gordo.
ele cai, dá um grunhido e nós andamos
juntos rumo à porta,

entramos.
eu tranco a porta, me viro enquanto Letterman
desaparece num
comercial.

Butch

∫

tragédia?

o gato borrifou meu
computador
e deu cabo
dele.

agora voltei para minha
velha
datilográfica.

ela é simplesmente
mais durona.
aguenta
mijo de gato, cerveja e vinho
derramados,
cinzas de cigarro
e charuto,
praticamente qualquer
porcaria.

me faz lembrar
eu mesmo.

bem-vinda de volta,
garotona,
do seu
garotão.

∫

Você tem um gato? Ou gatos? Eles dormem, baby. Eles conseguem dormir vinte horas por dia e são lindões. Sabem que não há motivo algum para grandes exaltações. A próxima refeição. E uma coisinha para matar de vez em quando. Quando estou sendo rasgado pelas forças, simplesmente olho para um ou mais dos meus gatos. Há nove deles. Simplesmente olho para um deles dormindo ou meio-dormindo e relaxo. Escrever também é meu gato. Escrever me permite encarar a coisa. Esfria minha cuca. Por algum tempo, pelo menos. Aí me dá um curto-circuito e preciso fazer tudo de novo. Não consigo entender escritores que decidem parar de escrever. Como eles esfriam a cuca?

∫

Temos agora nove gatos. Os desgarrados vão chegando e não conseguimos rechaçá-los. Precisamos parar. Os malditos gatos me colocam de pé cedo da manhã para deixá-los sair de casa. Se eu não deixo, começam a estraçalhar a mobília. Mas são animais maravilhosos e belos. Bacana. Agora eu sei de onde vem a expressão "gato bacana".

∫

meus gatos

eu sei. eu sei.
eles são limitados, têm diferentes
necessidades e
preocupações.

mas observo e aprendo com eles.
gosto do pouco que eles sabem,
que é
tanto.

eles reclamam mas nunca
se inquietam.
caminham com uma dignidade surpreendente.
dormem com uma simplicidade direta que
os humanos simplesmente não conseguem
entender.

seus olhos são mais
belos do que os nossos olhos.
e eles conseguem dormir 20 horas
por dia
sem
hesitação ou
remorso.

quando estou me sentindo
pra baixo
tudo que preciso fazer é
observar meus gatos
e a minha
coragem
retorna.

estudo essas
criaturas.

são meus
professores.

Fontes

Um grande número dos poemas publicados nas coletâneas póstumas, começando sobretudo com *What Matters Most Is How Well You Walk Through the Fire* (1999), difere – às vezes radicalmente – da versão original dos mesmíssimos poemas. Numa tentativa de resgatar em seu caráter genuíno a voz e o estilo de Bukowski, os poemas deste volume são reproduções fiéis dos manuscritos originais. Se um determinado manuscrito não pudesse ser encontrado, era usada então a apropriada versão de revista; os editores das revistas literárias faziam bem poucas alterações – quando chegavam a fazer alguma –, publicando até mesmo erros tipográficos não intencionais de Bukowski. As fontes abaixo indicam qual versão está sendo usada para cada poema, bem como sua data de publicação.

Poemas marcados como não coletados apareceram antes apenas em revistas de pequena circulação, mas, considerando-se sua natureza obscura e as tiragens limitadas – duzentos ou trezentos exemplares, quando muito –, é quase como se nunca tivessem sido efetivamente publicados. Da mesma forma, embora alguns dos poemas publicados nesta coletânea já tenham aparecido em volumes de poesia anteriores da Black Sparrow Press ou Ecco, as versões disponibilizadas aqui jamais foram publicadas antes. Este livro, portanto, é uma coletânea de nova poesia e prosa de Charles Bukowski.

∫

"Todos os lugares que serviam comida estavam fechados..." Excerto de "As consequências de uma longa carta de rejeição", *Story*, março-abril de 1944; coletado em *Pedaços de um caderno manchado de vinho*, 2008.

"Um gato passa caminhando..." Excerto de "poema para gerentes de pessoal", *Quixote* 13, primavera de 1957.

"não quero desenhar..." Excerto de "derrubar as vigas", *Hearse* 4, início de 1959.

"conversa em um telefone" *Targets* 4, dezembro de 1960; coletado em *The Days Run Away Like Wild Horses Over the Hills*, 1969.

"Eu vi aquele pássaro e..." Excerto de uma carta de 24 de julho de 1960 para Sheri Martinelli; *Beerspit Night and Cursing*, 2001.

"Eu vi um pássaro enquanto..." Excerto de uma carta do fim de julho de 1960 para Jory Sherman; *Screams from the Balcony*, 1993.

"a gata" c. 1960-1961, manuscrito; inédito.

"Os árabes admiram o gato..." Excerto de uma carta de 21 de dezembro de 1960 para Sheri Martinelli; *Beerspit Night and Cursing*.

"eu nem sempre odeio o gato que mata o pássaro, só o gato que me mata..." c. 1963, manuscrito; inédito.

"Passarinhos que agem..." Esse verso foi usado como subtítulo para *Meu coração tomado em suas mãos*, 1963.

"acordando pra vida como fogo" *Florida Education* 42.4, dezembro de 1964, onde foi publicado como "acordando pro vapor da vida como fogo". Coletado em *Queimando na água, afogando-se na chama*, 1974.

"nasci para trambicar rosas nas avenidas dos mortos." *Crucifixo em uma mão morta*, 1965.

"As fábricas, as cadeias..." Excerto de uma carta do início de agosto de 1965 para Jim Roman: inédito.

"o tortuoso bem de socorrer quem sofre" *Spectroscope* 1º, abril de 1966; inédito em coletânea, baseado num poema chamado "gato", escrito em 6 de novembro de 1964.

"retrato de uma alma para moscas" *Intermission*, setembro de 1966; inédito em coletânea.

"moita sensível, dormindo..." Poema sem título publicado em *Hiram Poetry Review* 1, outono-inverno de 1966; coletado como "o gato" em *The Days...*

"não gosto do amor como ordem..." Excerto de uma carta de 18 de novembro de 1966 para Carl Weissner; *Screams from the Balcony*.

"o tordo-dos-remédios" Abril de 1971, manuscrito; coletado em *Mockingbird Wish Me Luck*, 1972.

"olhando para os colhões do gato" 7 de setembro de 1971, manuscrito; inédito em coletânea.

"a coisa mais estranha" Início a meados de 1970, manuscrito; coletado em *Play the Piano Drunk Like a Percussion Instrument until the Fingers Begin to Bleed a Bit*, 1979.

"noite úmida" *Queimando na água, afogando-se na chama*, 1974.

"gatos matam gatos..." Excerto de "a piada", 15 de setembro de 1975, manuscrito; coletado como "the cosmic joke" em *The Night Torn Mad with Footsteps*, 2001.

"pequenos tigres em toda parte" 14 de novembro de 1975, manuscrito; coletado em *O amor é um cão dos diabos*, 1977.

"o amor são os gatos esmagados..." Excerto de "uma definição", 14 de novembro de 1975, manuscrito; coletado em *The Night Torn...*

"Entrei na cozinha..." Excerto do último capítulo de *Mulheres*, 1978.

"castração ruim" 13 de junho de 1978, manuscrito; coletado em *Dangling in the Tournefortia*, 1981.

"presente" 16 de julho de 1978, manuscrito; inédito em coletânea.

"Butch Van Gogh" 9 de novembro de 1978, manuscrito; coletado em *Open All Night*, 2000.

"um leitor" 27 de agosto de 1979, manuscrito; inédito.

"Manx" 23 de dezembro de 1979, manuscrito; coletado em *Open All Night*.

"Um ladrão internacional..." Excerto de uma carta de 10 de junho de 1981 para Carl Weissner; inédito.

"O Manx está caminhando de novo..." Excerto de uma carta de 28 de junho de 1981 para Carl Weissner; inédito.

"Eis aqui um belíssimo gato…" Excerto de "Charles Bukowski", uma entrevista com Penny Grenoble; *South Bay*, novembro de 1981; inédito em coletânea.

"O Manx apareceu na porta…" Excerto de uma carta de 27 de janeiro de 1982 para Louise Webb; *Screams from the Balcony*.

"trabalho noturno" 4 de março de 1980, manuscrito; coletado em *Dangling…*

"Um dia eu estava parado de bobeira…" Excerto de *Misto-quente*, 1982.

"gatos e pessoas e você e eu e tudo" 14 de setembro de 1981, manuscrito; coletado como "in other words" em *Bone Palace Ballet*, 1997, e como "cats and you and me" em *The Night Torn…*

"Encontro minha vaga, prossigo pela…" Excerto de um texto da coluna "Notas de um velho safado" escrito em novembro de 1982, publicado postumamente como "Morte na tarde" em *Betting on the Muse*, 1996.

"a história de um filho da mãe durão" 28 de fevereiro de 1983, manuscrito (segundo esboço); coletado em *War All the Time*, 1984.

"O gato vesgo sem rabo…" Nota breve publicada depois da reimpressão de "a história de um filho da mãe durão" em *Arete* 2.1, julho/agosto de 1989; inédito em coletânea.

"terminologia" 20 de agosto de 1983, manuscrito; coletado em *War All the Time*.

"este vai para o garotão" Agosto de 1983, manuscrito; coletado em *War All the Time*.

"um poema da natureza pra você" 26 de junho de 1984, manuscrito; coletado como "an animal poem" em *The Night Torn...*

"um camarada sensato" Outubro de 1984, manuscrito; inédito em coletânea.

"usando a coleira" Março de 1985, manuscrito; coletado em *You Get So Alone at Times That It Just Makes Sense*, 1986.

"perfeitamente bem" 15 de novembro de 1985, manuscrito; coletado como "exactly right" em *The Night Torn...*

"De manhã nós acordamos..." Excerto de *The Wedding*, novembro de 1985, manuscrito; inédito em coletânea.

"um gato é um gato é um gato é um gato" *Wormwood Review* 128, 1992; publicado antes em *You Get So Alone...*

"outro acidente" *You Get So Alone...*

"meu gato, o escritor" 18 de junho de 1986, manuscrito; coletado em *The Night Torn...*

"5 gatos" c. 1986, manuscrito; inédito.

"Ter um monte de gatos..." Excerto de "Caras durões escrevem poesia", uma entrevista com Sean Penn; *Interview*, setembro de 1987.

"luz quente" marcador de *Warm Light*, setembro de 1990; coletado em *The Last Night of the Earth Poems*, 1992.

"o sonho" 16 de janeiro de 1990, manuscrito; inédito em coletânea. "Então você tem um gato falante..." Excerto de uma carta de 28 de janeiro de 1990 para William Packard; *Reach for the sun*, 1999.

"um pouco deste lugar" 7 de maio de 1990, manuscrito; coletado como "this place" em *Sifting Through the Madness for the Word, the Line, the Way*, 2003.

"nossa turma" 25 de novembro de 1990, manuscrito; inédito em coletânea.

"sinfonia anticlássica" 31 de dezembro de 1990, manuscrito; coletado em *Sifting Through the Madness...*

"excedente de guerra" c. 1990, manuscrito; coletado como "military surplus" em *Slouching Toward Nirvana*, 2005.

"quando tudo parece finalidade suicida" *Raccoon* 30/31, setembro de 1991; inédito em coletânea.

"Avancei pela entrada da garagem..." Excerto de um registro de diário de 2 de outubro de 1991 publicado em *O capitão saiu para o almoço e os marinheiros tomaram conta do navio*, 1998.

"peludo bacana" 23 de outubro de 1991, manuscrito; coletado em *Bone Palace Ballet*, 1997.

"consumação" c. início da década de 1990, manuscrito; coletado em *The Continual Condition*, 2009.

"tragédia?" *New York Quarterly* 49, 1992; coletado como "reunion" em *Bone Palace Ballet* e em *The Continual Condition*.
"Você tem um gato?..." Excerto de um registro de diário de 16 de abril de 1992 publicado em *O capitão saiu...*

"Temos agora nove gatos..." Excerto de uma carta de 13 de outubro de 1992 para Louise Webb; *Reach for the Sun*.

"meus gatos" c. 1989, manuscrito; coletado em *Come on In*, 2006.

Agradecimentos

Organizador e editora gostariam de agradecer aos proprietários do material aqui publicado, entre os quais se incluem as seguintes instituições:

    University of Arizona, Centro de Acervos Especiais
    The University of California, Santa Barbara, Acervos Especiais
    The Huntington Library, San Marino, Califórnia
    The State University of New York at Buffalo, Acervo de Poesia/Livros Raros
    Temple University, Acervos Especiais

Agradecemos também às seguintes revistas, nas quais alguns dos poemas e contos foram publicados pela primeira vez: *Arete, Florida Education, Hiram Poetry Review, Intermission, Raccoon, Spectroscope, Story, Targets* e *Wormwood Review*.

Mistery